Impressum
Verlag: BABADADA GmbH, Nedderfeld 112 , 22529 Hamburg
Geschäftsführer / Verlagsleitung: Harald Hof
Druck: Books on Demand GmbH, In de Tarpen 42, 22848 Norderstedt

Imprint
Publisher: BABADADA GmbH, Nedderfeld 112 , 22529 Hamburg, Germany
Managing Director / Publishing direction: Harald Hof
Print: Books on Demand GmbH, In de Tarpen 42, 22848 Norderstedt

skole
學校

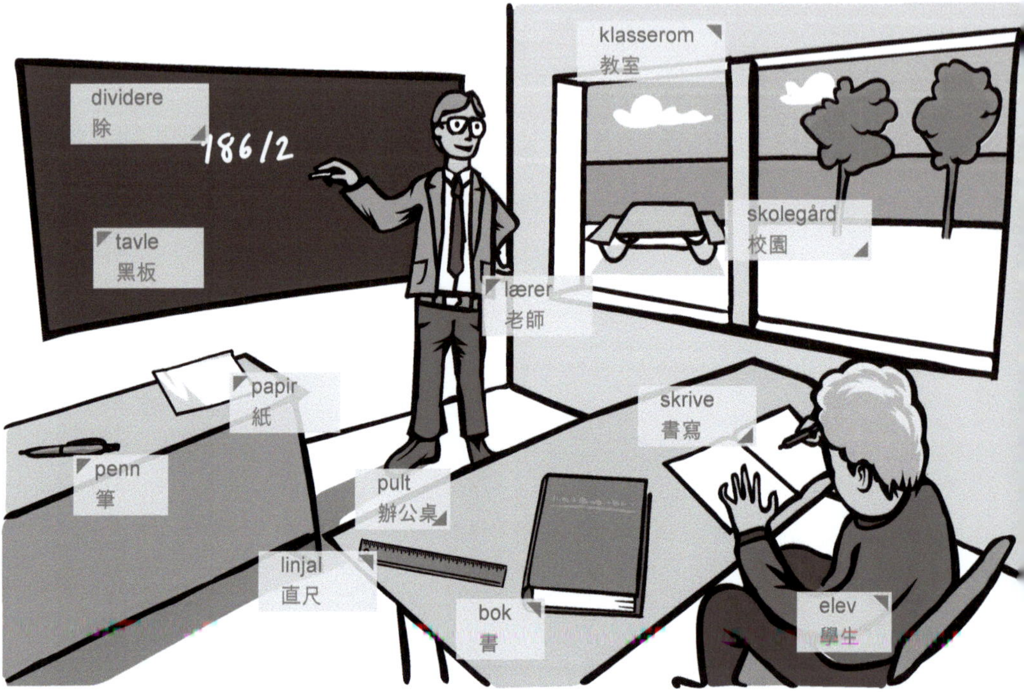
klasserom
教室
dividere
除
186/2
tavle
黑板
skolegård
校園
lærer
老師
papir
紙
skrive
書寫
penn
筆
pult
辦公桌
linjal
直尺
bok
書
elev
學生

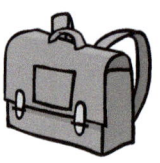

ransel
書包

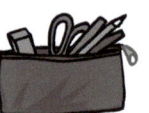

penal
鉛筆盒

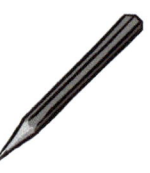

blyant
鉛筆

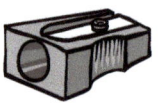

blyantspisser
削鉛筆機

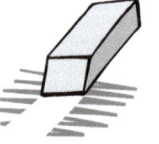

viskelær
橡皮擦

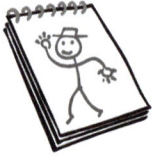

tegneblokk
畫板

tegning

圖畫

pensel

畫筆

malerskrin

顏料盒

saks

剪刀

lim

膠水

arbeidsbok

練習冊

lekse

家庭作業

tall

數字

addere

加

subtrahere

減

multiplisere

乘

regne

計算

bokstav

字母

alfabet

字母表

ord

字

tekst

課文

lese

讀

kritt

粉筆

skoletime

上課

klassebok

登記

eksamen

考試

vitnemål

證書

skoleuniform

校服

utdannelse

教育

leksikon

百科全書

universitet

大學

mikroskop

顯微鏡

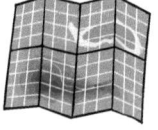

kart

地圖

papirkurv

廢紙簍

reise
旅行

hotell
飯店
Grand
pensjonat
青年旅社
ROOMS
vekslingskontor
外幣兌換處
CHANGE
koffert
手提箱
bil
汽車

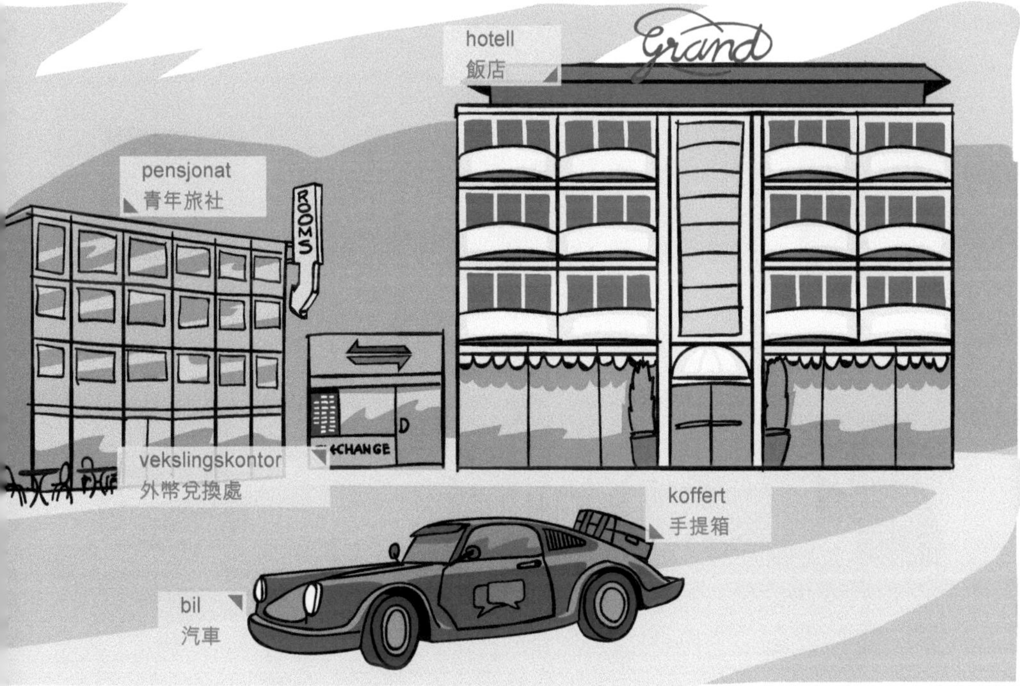

språk
語言

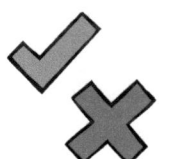

ja / nei
是/否

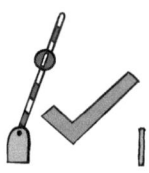

okay
好的

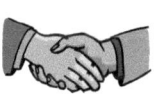

Hei
您好

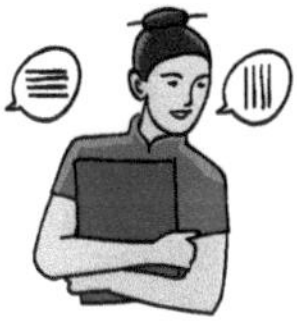

tolk
翻譯人員

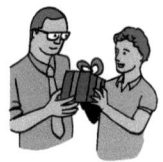

takk skal du ha
謝謝

Hva koster...?

......多少錢？

Jeg forstår ikke

我不明白

problem

問題

God kveld!

晚上好！

God morgen!

早上好！

God natt!

晚安！

ha det bra

再見

retning

方向

bagasje

行李

veske

包

ryggsekk

背包

gjest

客人

rom

房間

sovepose

睡袋

telt

帳篷

turistinformasjon

旅行資訊

strand

海灘

kredittkort

信用卡

frokost

早餐

lunsj

午餐

middag

晚餐

billett

票

heis

電梯

stempel

郵票

grense

邊界

toll

海關

ambassade

大使館

visum

簽證

pass

護照

transport
交通運送

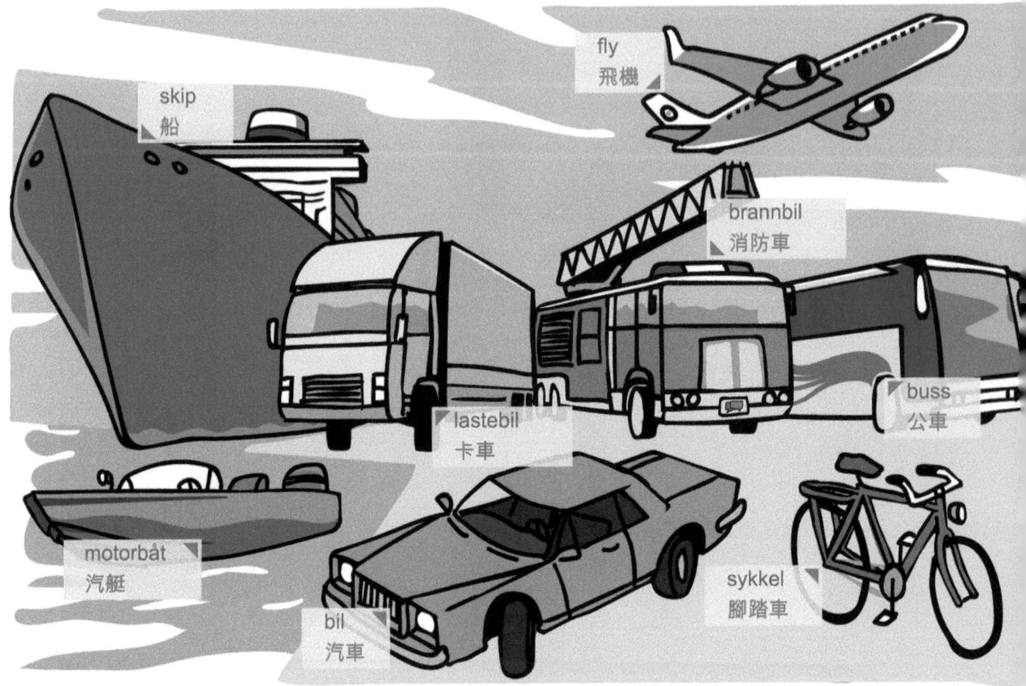

fly
飛機
skip
船
brannbil
消防車
buss
公車
lastebil
卡車
motorbåt
汽艇
sykkel
腳踏車
bil
汽車

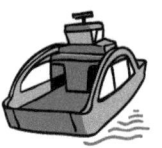

ferge

渡輪

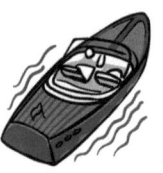

båt

小船

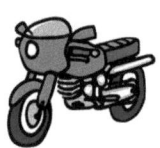

motorsykkel

機車

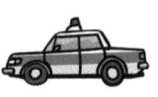

politibil

警車

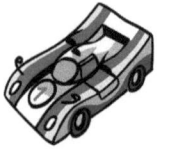

racerbil

賽車

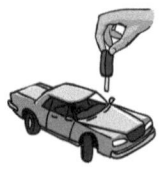

leiebil

租車

bilkollektiv

拼車

bergingsbil

拖車

søppelbil

垃圾車

motor

馬達

brennstoff

汽油

bensinstasjon

加油站

trafikkskilt

交通標識

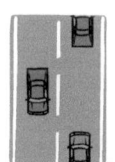

trafikk

交通

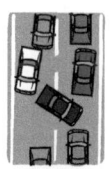

trafikkork

交通堵塞

parkeringsplass

停車場

togstasjon

火車站

skinne

軌道

tog

火車

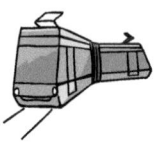

trikk

路面電車

vogn

客車廂

helikopter

直升機

flyplass

機場

tårn

塔

passasjer

乘客

konteiner

集裝箱

kartong

紙板箱

tralle

手推車

kurv

籃子

starte / lande

起飛/降落

by

城市

landsby

村莊

sentrum

市中心

hus

房子

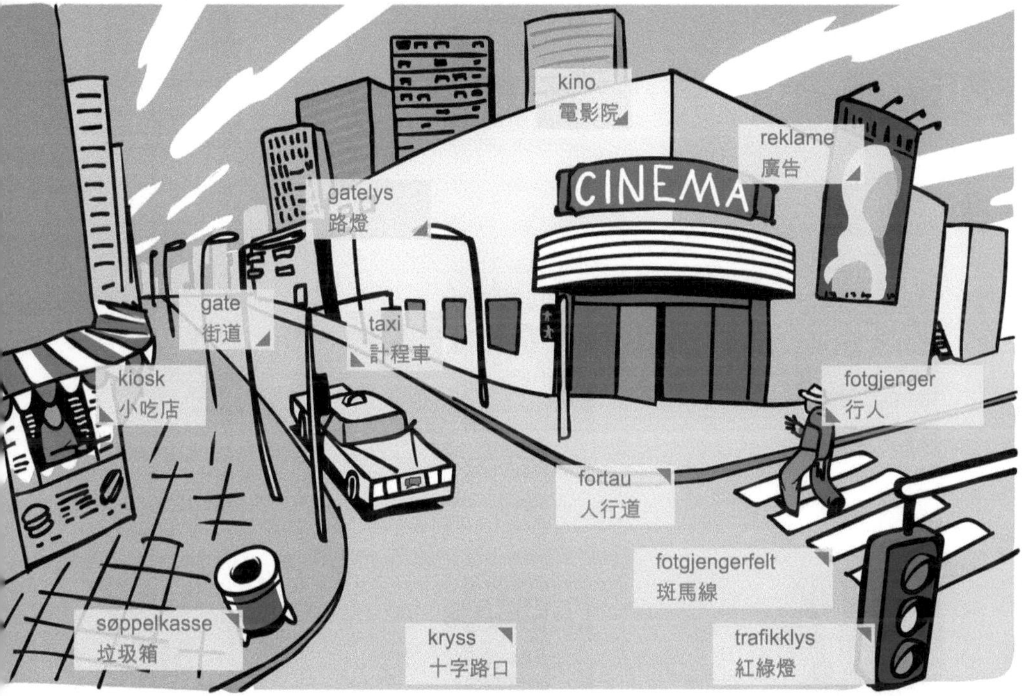

kino
電影院

reklame
廣告

gatelys
路燈

gate
街道

taxi
計程車

kiosk
小吃店

CINEMA

fotgjenger
行人

fortau
人行道

fotgjengerfelt
斑馬線

søppelkasse
垃圾箱

kryss
十字路口

trafikklys
紅綠燈

hytte
小屋

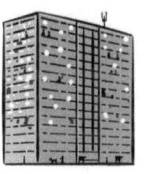

leilighet
公寓

togstasjon
火車站

rådhus
市政廳

museum
博物館

skole
學校

universitet

大學

bank

銀行

sykehus

醫院

hotell

飯店

apotek

藥房

kontor

辦公室

bokhandel

書店

butikk

商店

blomsterbutikk

花店

matbutikk

超市

marked

市場

varehus

百貨商店

fiskehandler

魚店

kjøpesenter

購物中心

havn

海港

park

公園

benk

長凳

bro

橋

trapp

樓梯

t-bane

捷運

tunnel

隧道

busstopp

公車站

bar

酒吧

restaurant

餐館

postkasse

郵筒

gateskilt

路標

parkometer

停車計時器

dyrehage

動物園

svømmebasseng

游泳池

moské

清真寺

bondegård

農場

miljøforurensing

污染

kirkegård

墓地

kirke

教堂

lekeplass

操場

tempel

寺廟

landskap

地形

blad
樹葉

veiviser
指示牌

vei
路

eng
草地

stein
石頭

tre
樹

turgåer
徒步旅行
者

elv
河

gress
草

blomst
花

dal

峽谷

fjell

丘陵

innsjø

湖

skog

森林

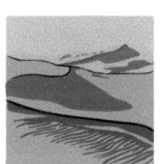

ørken

沙漠

vulkan

火山

slott

城堡

regnbue

彩虹

sopp

蘑菇

palmetre

棕櫚樹

mygg

蚊子

flue

蒼蠅

maur

螞蟻

bie

蜜蜂

edderkopp

蜘蛛

bille

甲蟲

frosk

青蛙

ekorn

松鼠

piggsvin

刺蝟

hare

野兔

ugle

貓頭鷹

fugl

鳥

svane

天鵝

villsvin

野豬

hjort

鹿

elg

麋鹿

demning

水壩

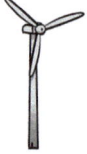

vindturbin

風力發電機

solcellepanel

太陽能電池板

klima

氣候

restaurant
餐館

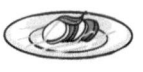

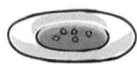

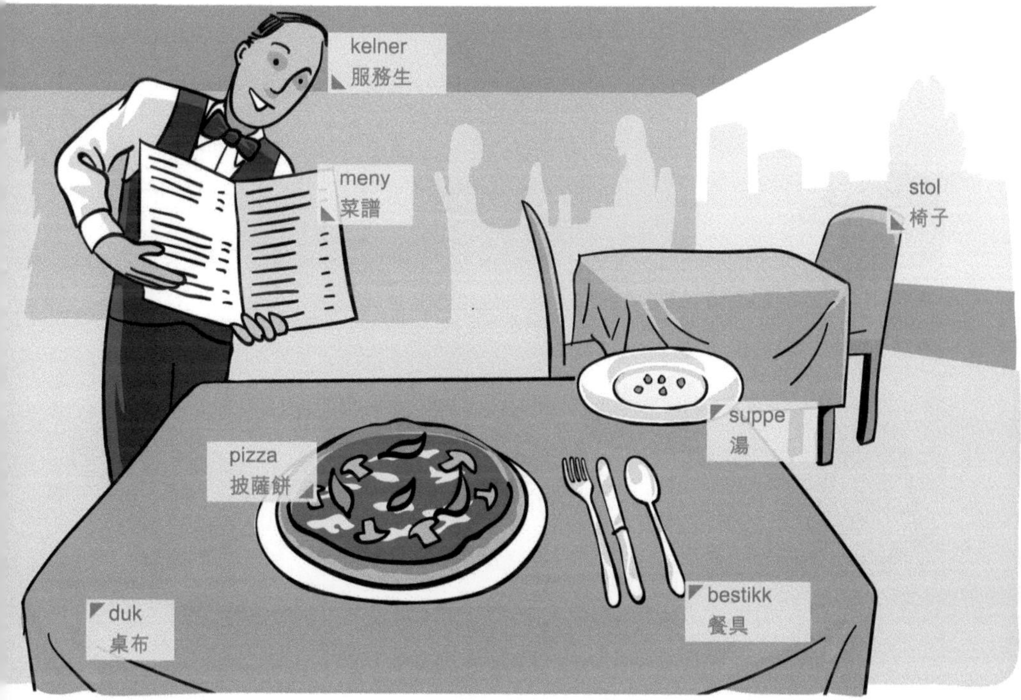
kelner
服務生
meny
菜譜
stol
椅子
suppe
湯
pizza
披薩餅
bestikk
餐具
duk
桌布

forrett

前菜

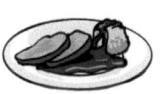

hovedrett

主菜

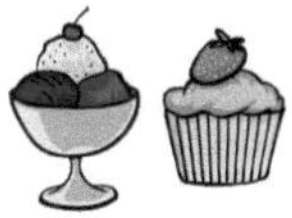

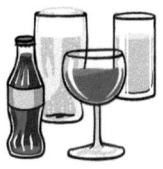

dessert

甜點

drikkevarer

飲料

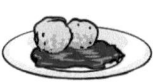

mat

食物

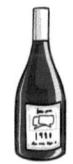

flaske

瓶子

hurtigmat

速食

gatemat

街邊小吃

tekanne

茶壺

sukkerskål

糖盒

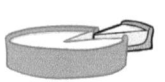

porsjon

一份飯菜

espressomaskin

義式咖啡機

barnestol

高腳椅

regning

帳單

brett

托盤

kniv

刀

gaffel

餐叉

skje

勺子

teskje

茶匙

serviett

餐巾

glass

玻璃杯

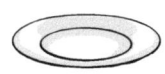

tallerken

碟子

suppetallerken

湯盤

skål

碟子

saus

醬

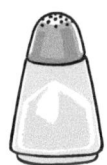

saltbøsse

鹽瓶

pepperkvern

胡椒研磨罐

eddik

醋

olje

食用油

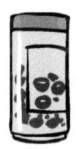

krydder

調味料

ketchup

番茄醬

sennep

芥末

majones

美乃滋

matbutikk
超市

tilbud
特價
FOR
kunde
顧客
meieriprodukt
乳製品
frukt
水果
handlevogn
購物車

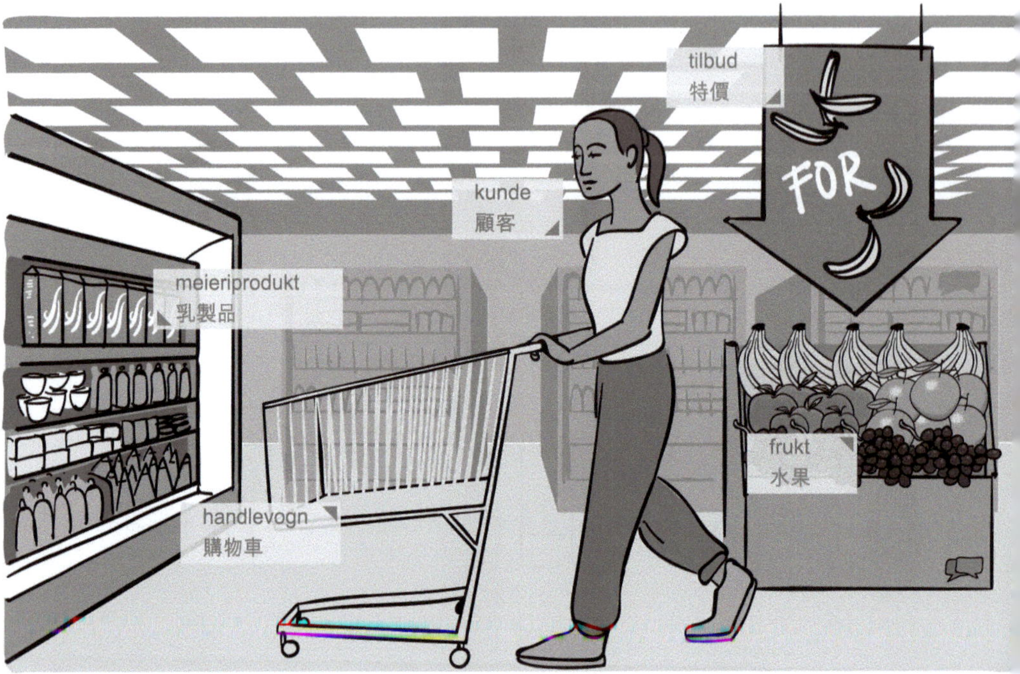

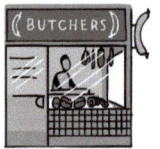

BUTCHERS

slakter
肉鋪

BAKERY

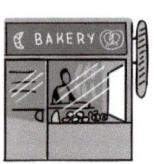

bakeri
麵包店

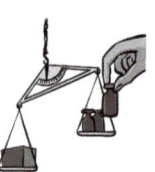

veie
稱重

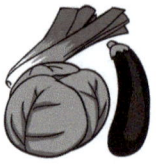

grønnsaker
蔬菜

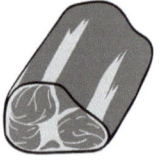

kjøtt
肉

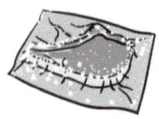

frysevarer
冷凍食品

oppskåret pålegg

冷盤

hermetikk

罐頭食品

vaskepulver

洗衣粉

godteri

甜食

husholdningsprodukter

日用品

rengjøringsmidler

清潔用品

butikkmedarbeider

銷售員

kassaapparat

收銀機

kasserer

收銀員

handleliste

購物清單

åpningstider

開放時間

lommebok

錢包

kredittkort

信用卡

veske

袋子

plastpose

塑膠袋

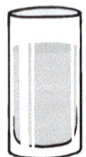

vann

水

juice

果汁

melk

牛奶

cola

可樂

vin

紅酒

øl

啤酒

alkohol

酒

kakao

可可

te

茶

kaffe

咖啡

espresso

義式濃縮咖啡

cappuccino

卡布奇諾

banan

香蕉

eple

蘋果

appelsin

柳丁

melon

西瓜

sitron

檸檬

gulrot

胡蘿蔔

hvitløk

大蒜

bambus

竹子

løk

洋蔥

sopp

蘑菇

nøtter

堅果

nudler

麵條

spagetti

義大利麵

ris

米飯

salat

沙拉

pommes frites

薯條

stekte poteter

炸馬鈴薯

pizza

披薩餅

hamburger

漢堡

sandwich

三明治

biff

炸豬排

skinke

火腿

salami

義大利臘腸

pølse

香腸

kylling

雞肉

stek

烤肉

fisk

魚

havregryn

燕麥片

müsli

木斯里

cornflakes

玉米片

mel

麵粉

croissant

牛角麵包

rundstykke

麵包捲

brød

麵包

ristet brød

吐司

kjeks

餅乾

smør

奶油

kvarg

凝乳

kake

蛋糕

egg

蛋

speilegg

煎蛋

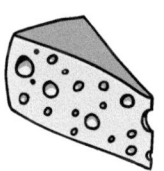

ost

起司

mat - 食物

iskrem

冰淇淋

sukker

糖

honning

蜂蜜

syltetøy

果醬

sjokoladepålegg

巧克力醬

karri

咖哩

bondegård
農場

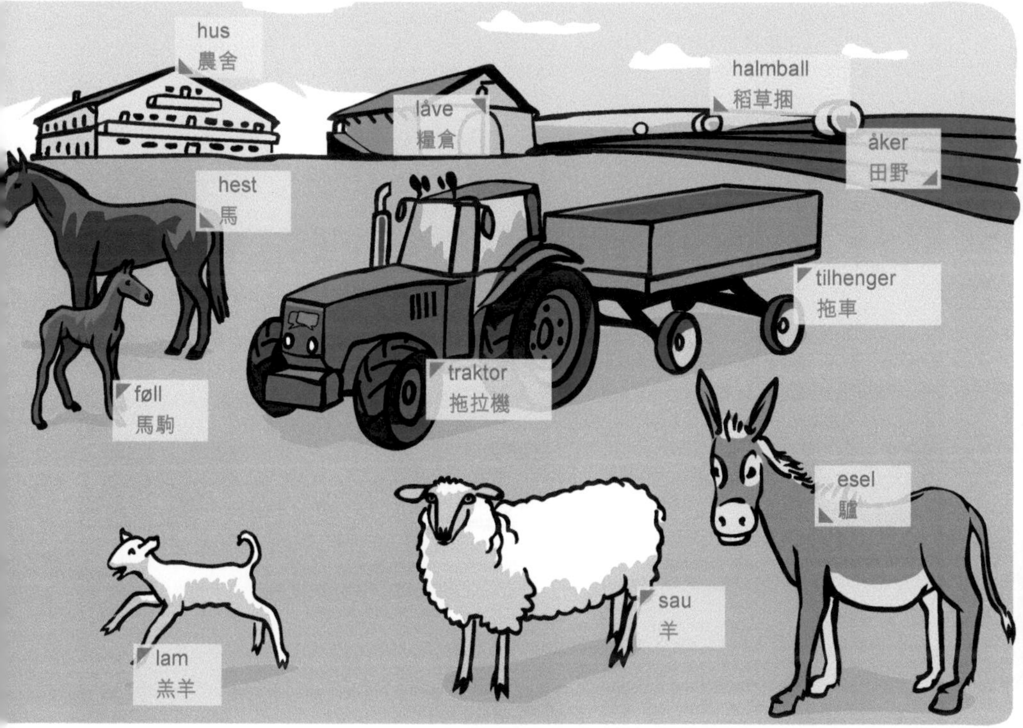
hus
農舍
låve
糧倉
halmball
稻草捆
åker
田野
hest
馬
tilhenger
拖車
traktor
拖拉機
føll
馬駒
esel
驢
sau
羊
lam
羔羊

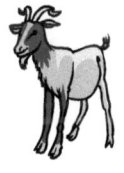

geit

山羊

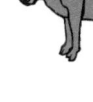

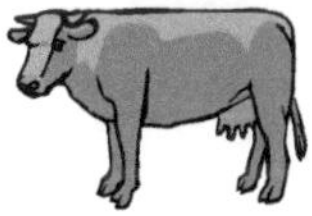

ku

奶牛

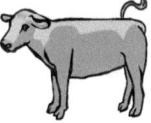

kalv

小牛

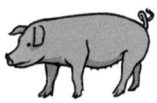

gris

豬

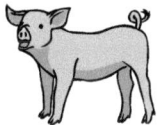

grisunge

小豬

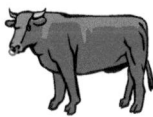

okse

公牛

gås

鵝

and

鴨

kylling

小雞

høne

母雞

hane

公雞

rotte

鼠

katt

貓

mus

老鼠

okse

牛

hund

狗

hundehus

狗屋

hageslange

花園澆水軟管

vannkanne

澆水壺

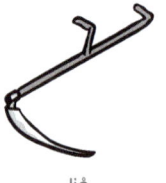

ljå

長柄大鐮刀

plog

犁

sigd

鐮刀

hakke

鋤頭

høygaffel

長柄草耙

øks

斧頭

trillebår

獨輪手推車

trau

飼料槽

melkekanne

牛奶罐

sekk

麻布袋

gjerde

柵欄

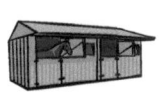

fjøs

馬廄

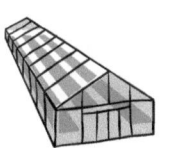

drivhus

溫室

jord

土壤

frø

種子

gjødsel

肥料

skurtresker

聯合收割機

høste

收割

innhøsting

收割

yams

地瓜

hvete

小麥

soja

大豆

potet

土豆

mais

玉米

raps

油菜籽

frukttre

果樹

kassava

樹薯

korn

穀物

hus
房子

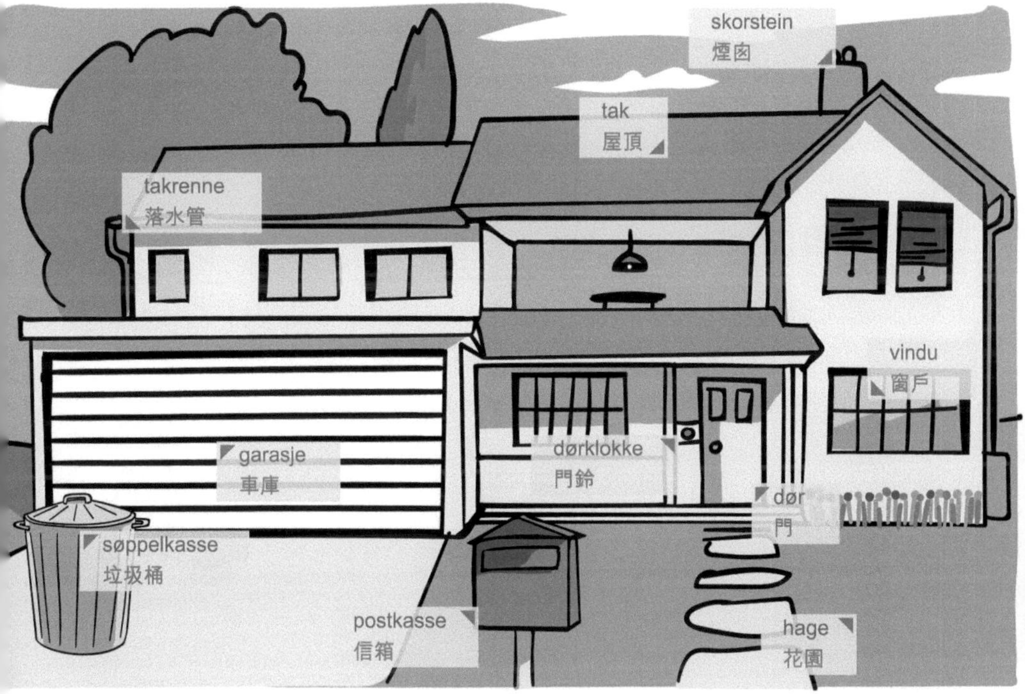
skorstein
煙囪
tak
屋頂
takrenne
落水管
vindu
窗戶
garasje
車庫
dørklokke
門鈴
dør
門
søppelkasse
垃圾桶
postkasse
信箱
hage
花園

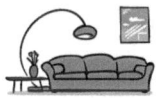

stue

客廳

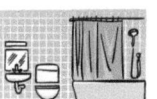

bad

浴室

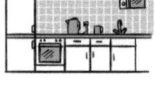

kjøkken

廚房

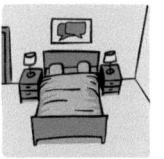

soverom

臥室

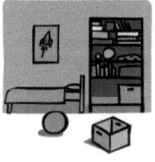

barnerom

兒童房

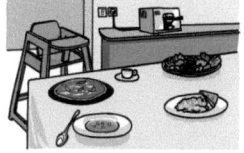

spisestue

餐廳

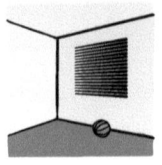

gulv

地板

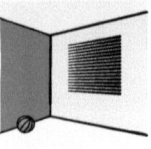

vegg

牆壁

tak

天花板

kjeller

地窖

badstue

三溫暖

balkong

陽臺

terrasse

露臺

svømmebasseng

游泳池

gressklipper

割草機

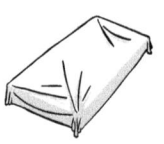

laken

被單

dyne

床罩

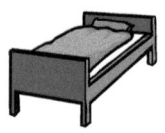

seng

床

kost

掃帚

bøtte

水桶

bryter

開關

stue

客廳

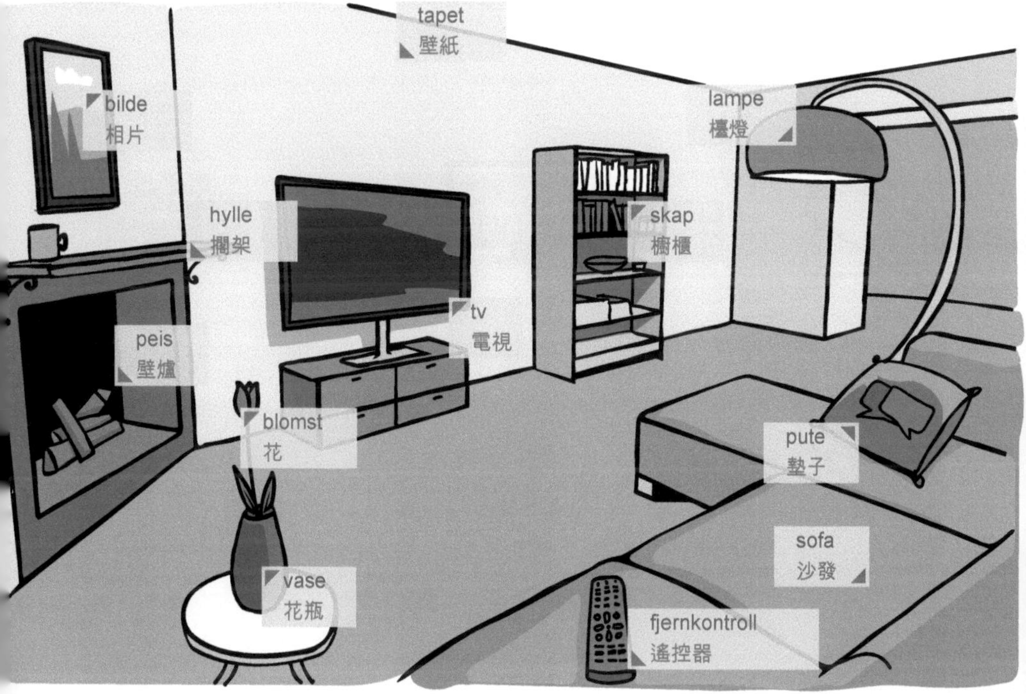
tapet
壁紙
bilde
相片
lampe
檯燈
hylle
擱架
skap
櫥櫃
tv
電視
peis
壁爐
blomst
花
pute
墊子
sofa
沙發
vase
花瓶
fjernkontroll
遙控器

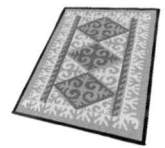

gulvteppe

地毯

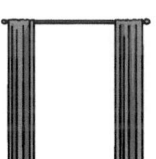

gardin

窗簾

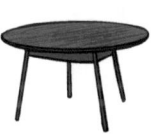

bord

餐桌

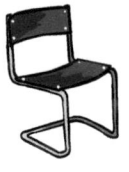

stol

椅子

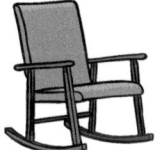

gyngestol

搖椅

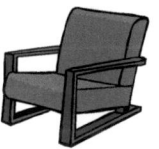

lenestol

扶手椅

bok
書

teppe
毯子

dekorasjon
裝飾品

ved
木柴

film
電影

stereoanlegg
高傳真音響

nøkkel
鑰匙

avis
報紙

maleri
油畫

plakat
海報

radio
收音機

notatblokk
筆記本

støvsuger
吸塵器

kaktus
仙人掌

lys
蠟燭

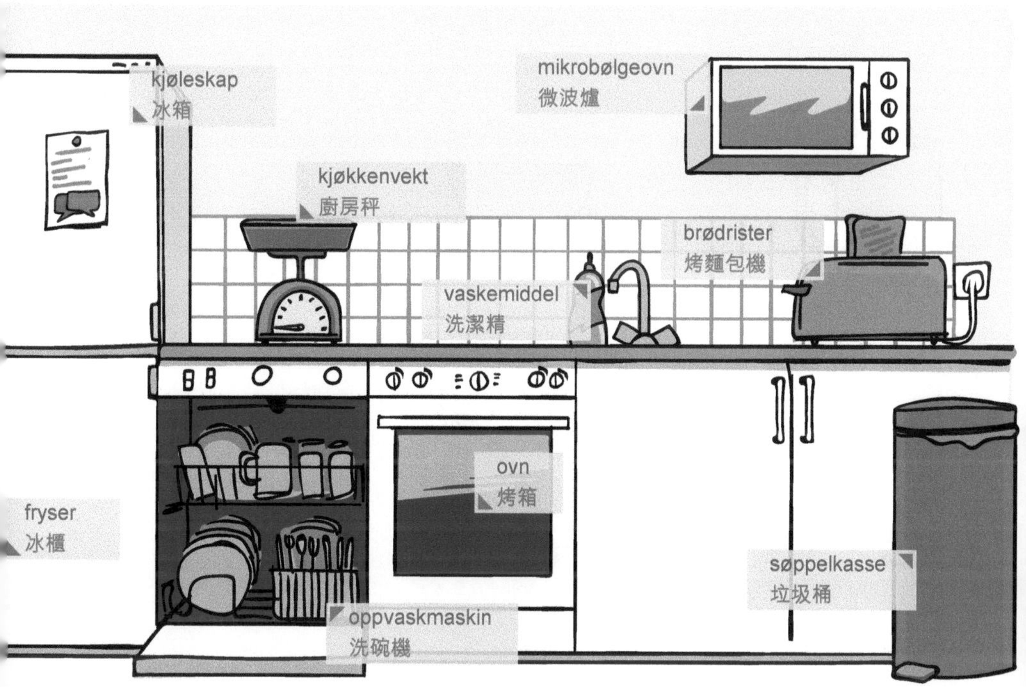

kjøleskap
冰箱

mikrobølgeovn
微波爐

kjøkkenvekt
廚房秤

brødrister
烤麵包機

vaskemiddel
洗潔精

ovn
烤箱

fryser
冰櫃

søppelkasse
垃圾桶

oppvaskmaskin
洗碗機

komfyr
炊具

gryte
鍋

jerngryte
鑄鐵鍋

wokpanne
炒鍋

panne
平底鍋

vannkoker
水壺

dampovn

蒸鍋

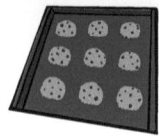

stekebrett

烤盤

servise

陶瓷鍋

krus

馬克杯

bolle

碗

spisepinner

筷子

øse

長柄勺

stekespade

鏟子

visp

攪拌器

sil

濾網

sil

篩子

rivjern

磨碎機

mørtel

研缽

grill

燒烤

bål

明火

skjærefjøl

菜板

kjevle

擀麵杖

korketrekker

開瓶器

boks

罐子

boksåpner

開罐器

gryteklut

隔熱手套

vask

水槽

børste

刷子

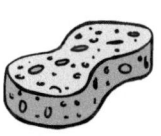

svamp

海綿

blender

攪拌機

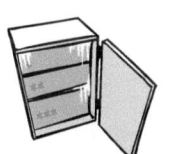

fryseboks

冷藏箱

tåteflaske

奶瓶

kran

水龍頭

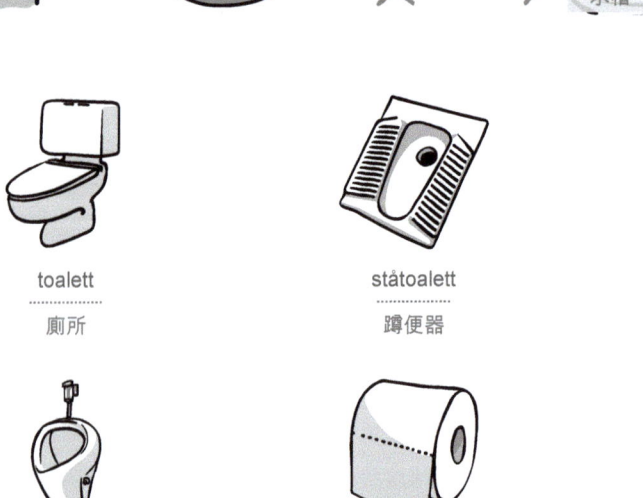

bad

浴室

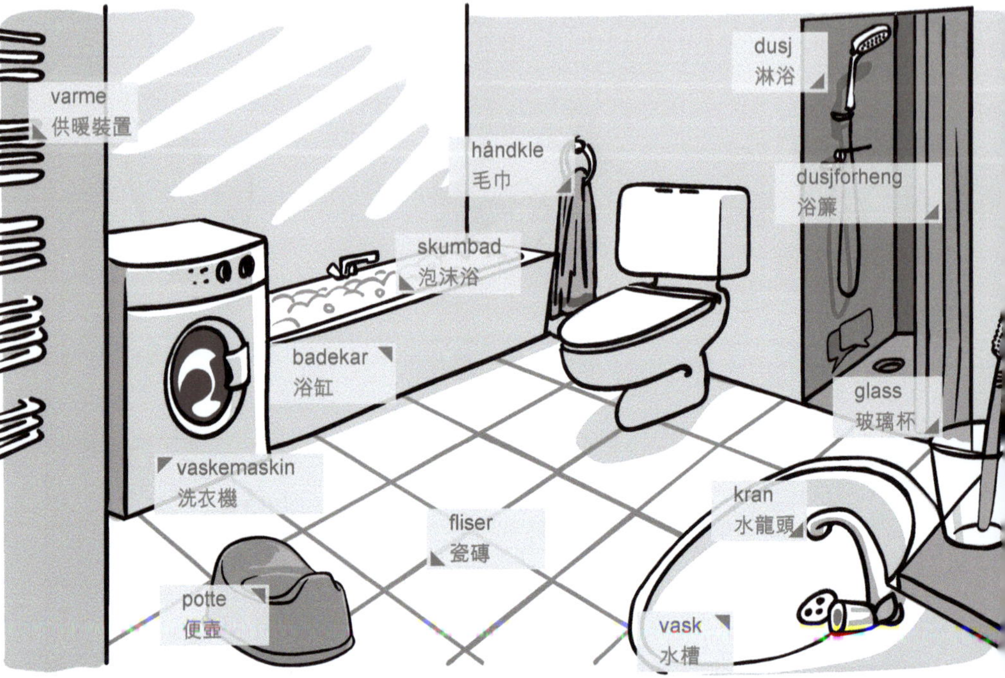

varme
供暖裝置
håndkle
毛巾
dusj
淋浴
dusjforheng
浴簾
skumbad
泡沫浴
badekar
浴缸
glass
玻璃杯
vaskemaskin
洗衣機
kran
水龍頭
fliser
瓷磚
potte
便壺
vask
水槽

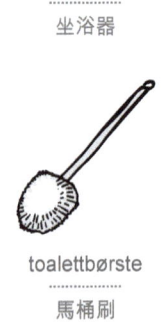

toalett

廁所

ståtoalett

蹲便器

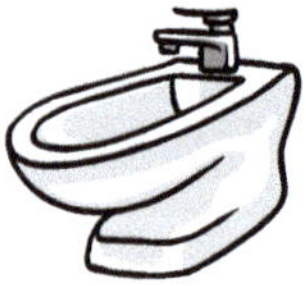

bidet

坐浴器

pissoar

小便斗

toalettpapir

廁紙

toalettbørste

馬桶刷

tannbørste

牙刷

tannkrem

牙膏

tanntråd

牙線

vaske

洗

hånddusj

手持式蓮蓬頭

intimdusj

沖洗器

oppvaskbalje

洗臉盆

ryggbørste

洗背刷

såpe

肥皂

dusjsåpe

沐浴露

sjampo

洗髮乳

vaskeklut

法蘭絨

avløp

排水

krem

乳霜

deodorant

除臭劑

speil

鏡子

håndspeil

手鏡

barberhøvel

刮鬍刀

barberskum

刮鬍泡沫

barberingsvann

鬍後水

kam

梳子

børste

刷子

hårføner

吹風機

hårspray

噴髮定型劑

sminke

化妝品

lebestift

唇膏

neglelakk

指甲油

bomullsdott

化妝棉

neglesaks

指甲剪

parfyme

香水

toalettmappe

洗漱包

krakk

凳子

vekt

計重秤

badekåpe

浴袍

gummihansker

橡膠手套

tampong

衛生棉條

sanitetsbind

衛生棉

kjemisk toalett

化學廁所

barnerom

兒童房

vekkerklokke
鬧鐘
kosedyr
毛絨玩具
lekebil
玩具車
rangle
撥浪鼓
dukkehus
玩具屋
gave
禮物

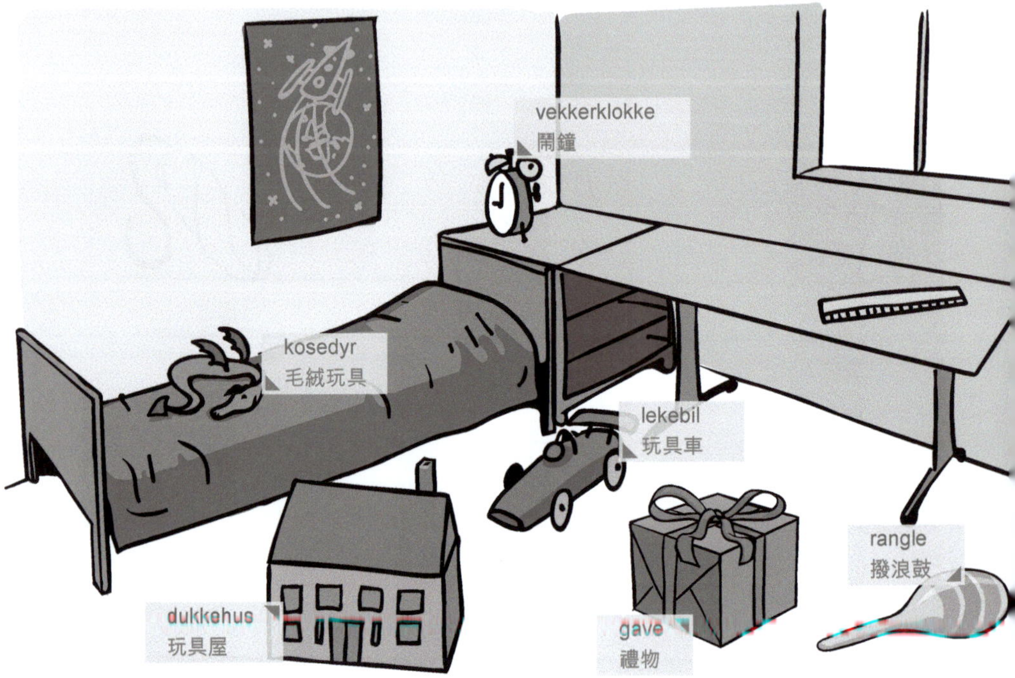

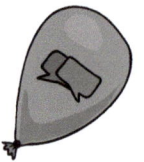

ballong

氣球

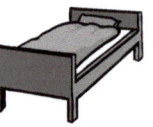

seng

床

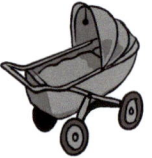

barnevogn

嬰兒車

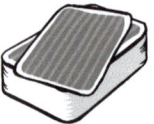

kortstokk

撲克牌

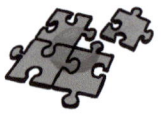

puslespill

拼圖

tegneserie

漫畫

lego klosser

樂高積木

byggeklosser

積木玩具

actionfigur

公仔

sparkebukse

嬰兒服

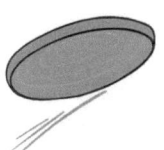

frisbee

飛盤

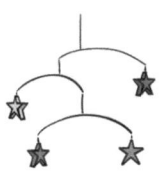

uro

床鈴玩具

brettspill

棋盤遊戲

terning

骰子

togbane

火車模型

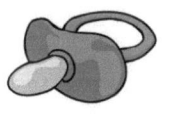

smokk

安撫奶嘴

fest

派對

bildebok

繪本

ball

球

dukke

洋娃娃

leke

玩

sandkasse

沙坑

gynge

鞦韆

leketøy

玩具

spillekonsoll

電玩遊戲

trehjulssykkel

三輪車

bamse

泰迪熊

garderobeskap

衣櫃

klær

衣服

sokker

襪子

strømper

長襪

strømpebukse

緊身褲

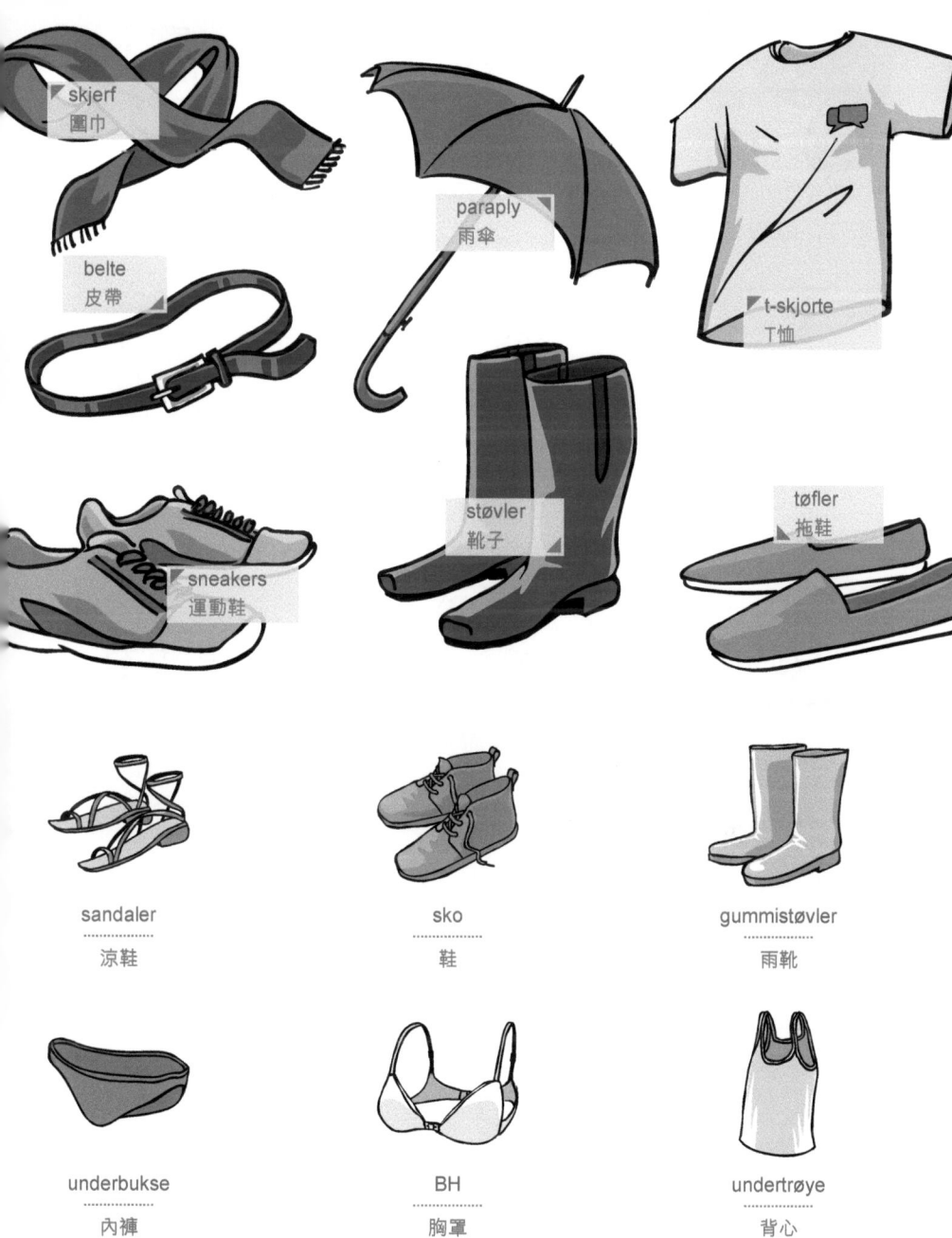

skjerf
圍巾

paraply
雨傘

belte
皮帶

t-skjorte
T恤

sneakers
運動鞋

støvler
靴子

tøfler
拖鞋

sandaler

涼鞋

sko

鞋

gummistøvler

雨靴

underbukse

內褲

BH

胸罩

undertrøye

背心

klær - 衣服   45

body

身體

bukse

褲子

dongeribukse

牛仔褲

skjørt

短裙

bluse

女式襯衫

skjorte

襯衫

genser

套頭衫

hettegenser

連帽上衣

dressjakke

西裝夾克

jakke

夾克

kåpe

外套

regnjakke

雨衣

drakt

套裝

kjole

連衣裙

brudekjole

婚紗

dress

西裝

nattkjole

睡袍

pyjamas

睡衣

sari

莎麗

skaut

頭巾

turban

包頭巾

burka

波卡

kaftan

卡夫坦

abaya

(阿拉伯式)長袍

badedrakt

泳衣

badebukse

男式泳褲

shorts

短褲

treningsklær

運動服

forkle

圍裙

handske

手套

knapp

鈕扣

brille

眼鏡

armbånd

手鏈

kjede

項鍊

ring

戒指

øredobb

耳環

lue

便帽

kleshenger

衣架

hatt

帽子

slips

領帶

glidelås

拉鍊

hjelm

安全帽

bukseseler

背帶

skoleuniform

校服

uniform

制服

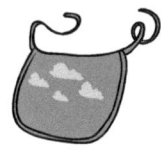

smekke

圍兜

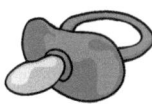

smokk

安撫奶嘴

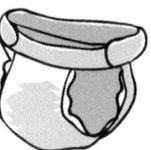

bleie

尿布

kontor

辦公室

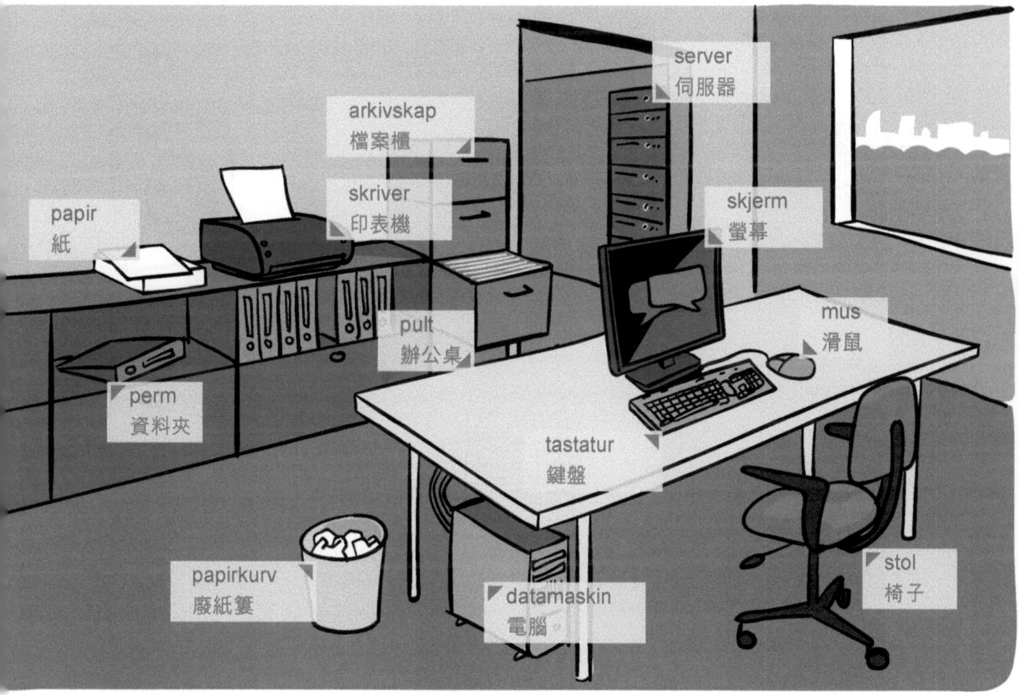

server
伺服器
arkivskap
檔案櫃
skriver
印表機
papir
紙
skjerm
螢幕
mus
滑鼠
pult
辦公桌
perm
資料夾
tastatur
鍵盤
stol
椅子
papirkurv
廢紙簍
datamaskin
電腦

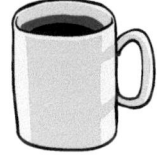

kaffekopp

咖啡杯

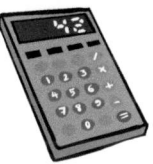

kalkulator

計算機

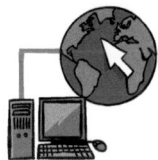

internett

網際網路

bærbar pc

筆記型電腦

brev

信件

beskjed

簡訊

mobiltelefon

行動電話

nettverk

網路

kopimaskin

影印機

programvare

軟體

telefon

電話

stikkontakt

插座

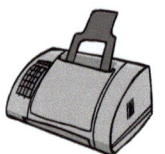

faksmaskin

傳真機

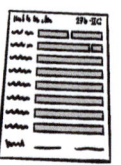

skjema

表格

dokument

檔案

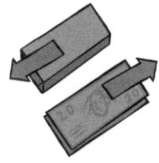

kjøpe
買

betale
付錢

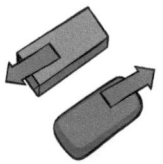

handle
交易

penger
現金

dollar
美元

euro
歐元

yen
日元

rubel
盧布

sveitserfranc
瑞士法郎

renminbi
人民幣

rupi
盧比

minibank
提款處

vekslingskontor

外幣兌換處

gull

金

sølv

銀

olje

石油

energi

能源

pris

價格

kontrakt

合約

avgift

稅金

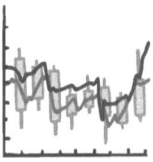

aksje

股票

jobbe

工作

ansatt

職員

arbeitsgiver

老闆

fabrikk

工廠

butikk

商店

yrker
職業

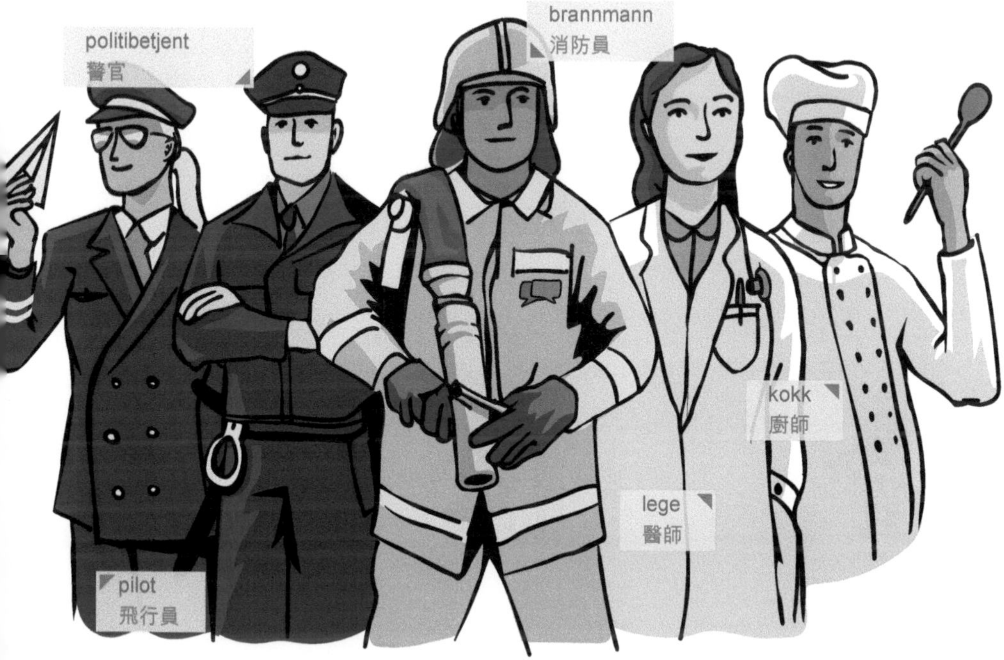

politibetjent
警官
brannmann
消防員
kokk
廚師
lege
醫師
pilot
飛行員

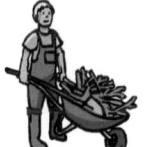

gartner
園丁

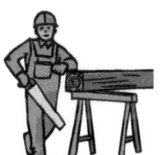

snekker
木匠

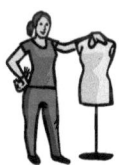

syerske
裁縫

dommer
法官

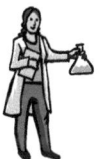

kjemiker
化學家

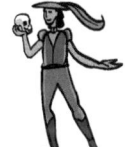

skuespiller
演員

bussjåfør

公車司機

taxisjåfør

計程車司機

fisker

漁夫

vaskedame

清洗女工

taktekker

屋頂工

kelner

服務生

jeger

獵人

maler

畫家

baker

麵包師

elektriker

電工

bygningsarbeider

建築工人

ingeniør

工程師

slakter

屠夫

rørlegger

水管工

postbud

郵差

soldat

士兵

arkitekt

建築師

kasserer

收銀員

blomsterhandler

花農

frisør

理髮師

konduktør

售票員

mekaniker

機械技師

kaptein

船長

tannlege

牙醫

forsker

科學家

rabbi

拉比

imam

伊瑪目

munk

和尚

prest

牧師

verktøy
工具

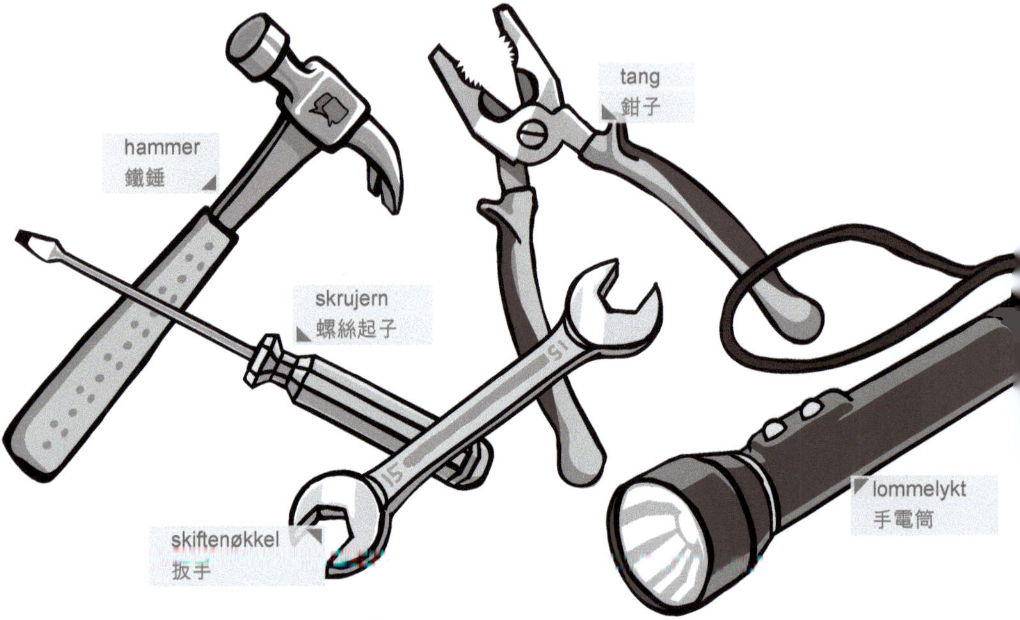
hammer
鐵錘
tang
鉗子
skrujern
螺絲起子
skiftenøkkel
扳手
lommelykt
手電筒

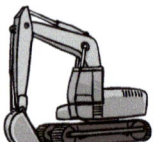

gravemaskin
挖掘機

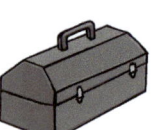

verktøykasse
工具箱

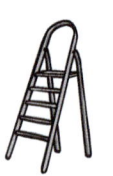

stige
梯子

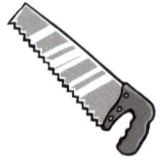

sag
鋸子

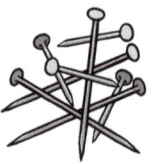

spiker
釘子

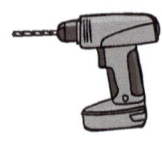

bor
鑽機

reparere

修

spade

鏟子

Søren!

糟糕！

feiebrett

畚箕

malingsspann

油漆桶

skruer

螺絲

musikkinstrument

樂器

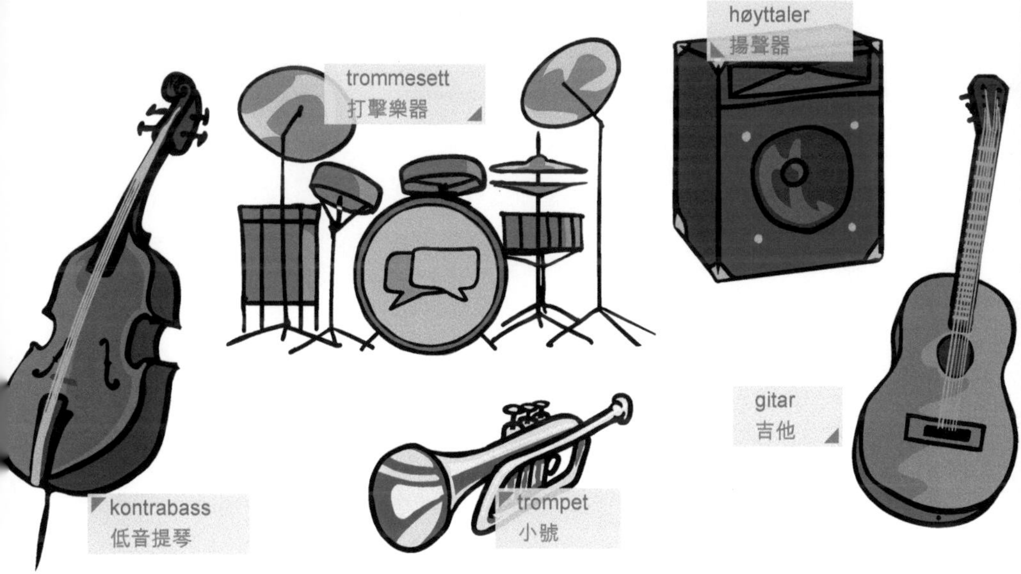

trommesett
打擊樂器

høyttaler
揚聲器

gitar
吉他

kontrabass
低音提琴

trompet
小號

piano

鋼琴

fiolin

小提琴

bass

貝斯

pauke

定音鼓

trommer

鼓

keyboard

電子琴

saksofon

薩克斯風

fløyte

長笛

mikrofon

麥克風

dyrehage
動物園

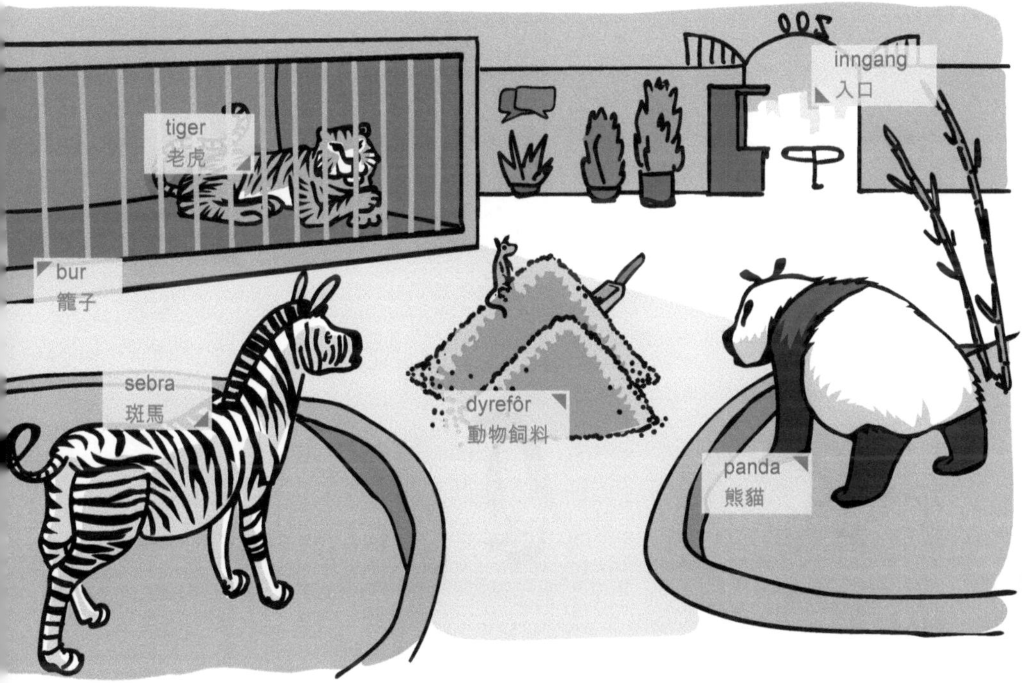

tiger
老虎
inngang
入口
bur
籠子
sebra
斑馬
dyrefôr
動物飼料
panda
熊貓

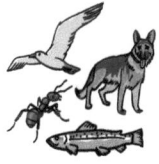

dyr

動物

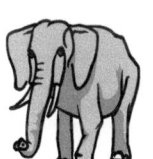

elefant

大象

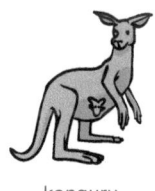

kenguru

袋鼠

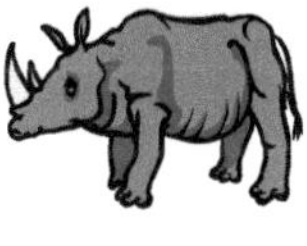

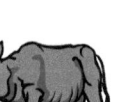

neshorn

犀牛

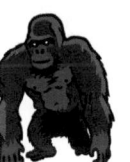

gorilla

大猩猩

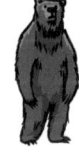

bjørn

熊

kamel

駱駝

struts

鴕鳥

løve

獅子

ape

猴子

flamingo

紅鶴

papegøye

鸚鵡

isbjørn

北極熊

pingvin

企鵝

hai

鯊魚

påfugl

孔雀

slange

蛇

krokodille

鱷魚

dyrepasser

動物園管理員

sel

海豹

jaguar

美洲豹

ponni

矮種馬

leopard

豹

flodhest

河馬

giraff

長頸鹿

ørn

老鷹

villsvin

野豬

fisk

魚

skilpadde

龜

hvalross

海象

rev

狐狸

gaselle

羚羊

amerikansk fotball
橄欖球

sykling
騎腳踏車

tennis
網球

basketball
籃球

svømming
游泳

boksing
拳擊

ishockey
冰球

fotball
美式足球

badminton
羽毛球

friidrett
田徑

håndball
手球

stå på ski
滑雪

polo
馬球

aktiviteter
活動

le
笑
hoppe
跳
klemme
擁抱
gå
走路
synge
唱
drømme
做夢
be
祈禱
kysse
親吻

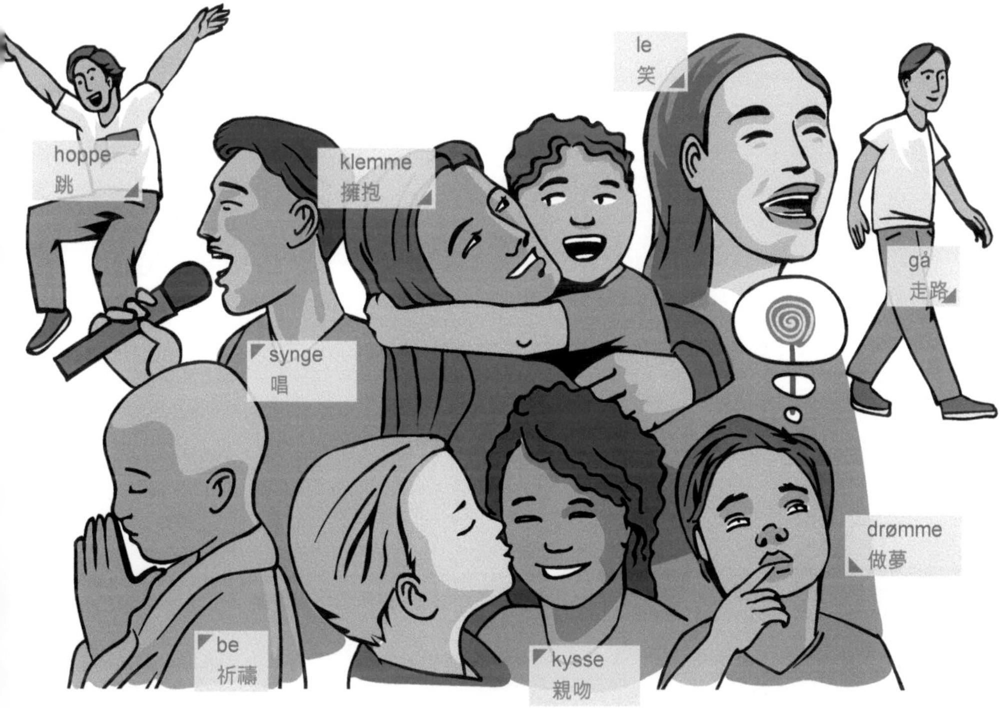

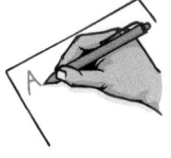

skrive
書寫

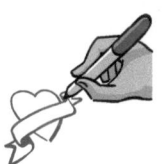

tegne
畫

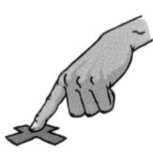

vise
展示

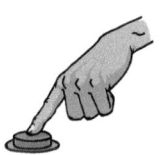

trykke
推

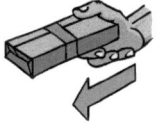

gi
給

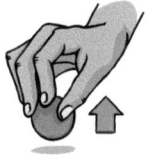

ta
拿

ha

有

gjøre

做

være

當

stå

站

løpe

跑

dra

拉

kaste

丟

falle

摔倒

ligge

躺

vente

等待

bære

攜帶

sitte

坐

kle på

穿衣

sove

睡覺

våkne

醒來

se på

看

gråte

哭

stryke

擊

gre

梳頭

snakke

交談

forstå

明白

spørre

問

høre

聽

drikke

喝

spise

吃

rydde

清理

elske

愛

lage mat

做飯

kjøre

開車

fly

飛

seile

航行

regne

計算

lese

讀

lære

學習

jobbe

工作

gifte seg

結婚

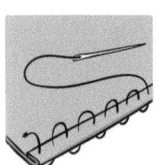

sy

縫

pusse tenner

刷牙

drepe

殺

røyke

抽菸

sende

寄

familie
家

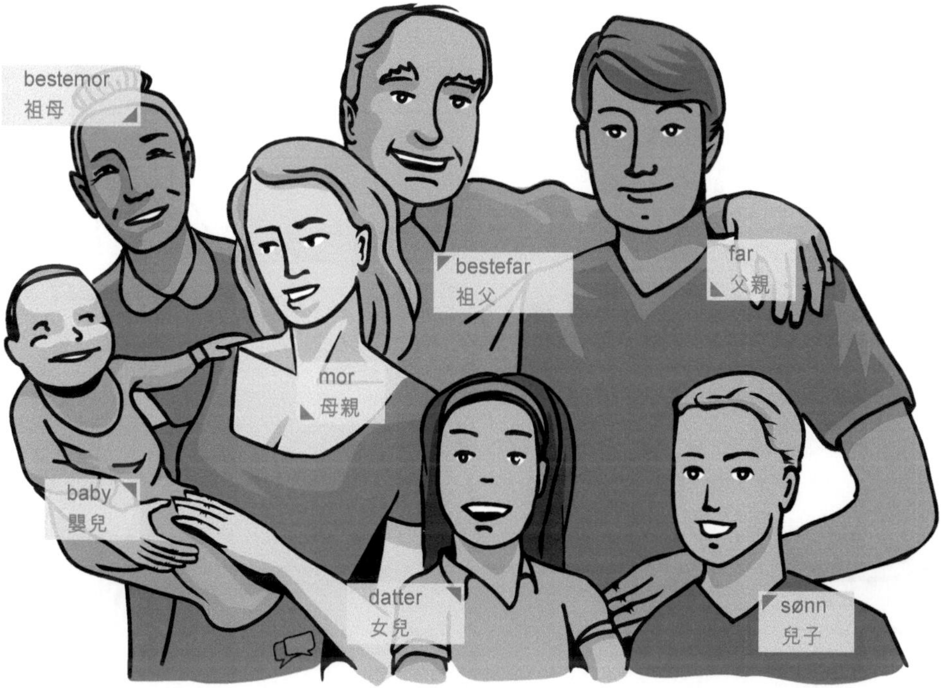
bestemor
祖母
bestefar
祖父
far
父親
mor
母親
baby
嬰兒
datter
女兒
sønn
兒子

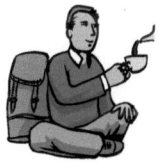

gjest

客人

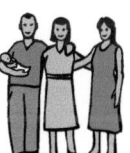

tante

阿姨

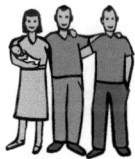

onkel

叔叔

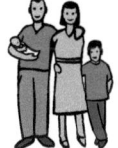

bror

兄弟

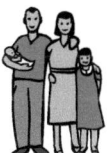

søster

姐妹

kropp

身體

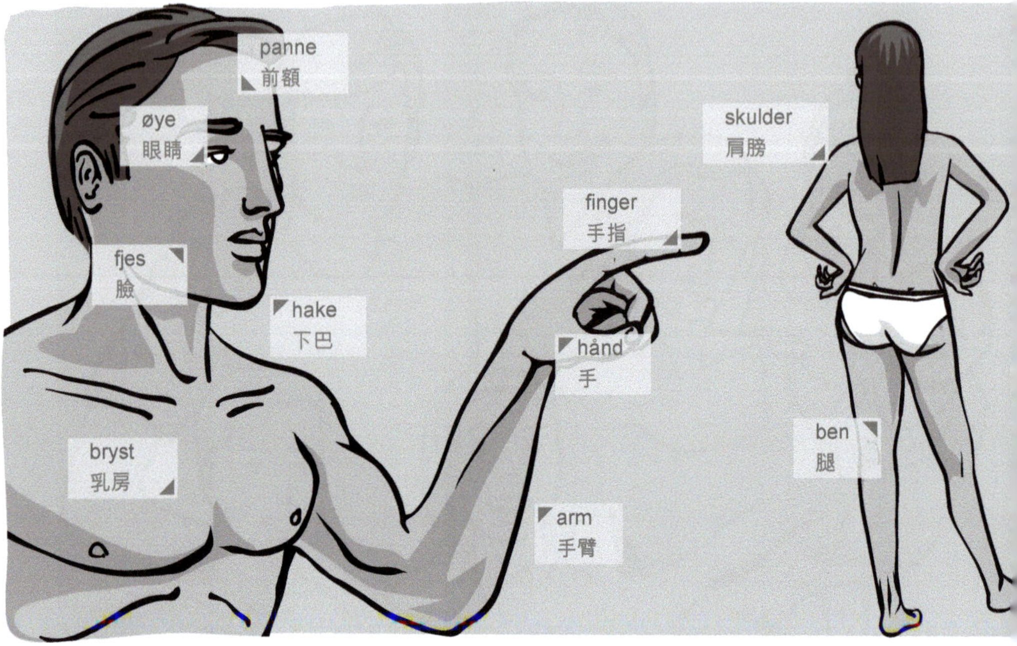

panne
前額

øye
眼睛

skulder
肩膀

finger
手指

fjes
臉

hake
下巴

hånd
手

bryst
乳房

ben
腿

arm
手臂

baby

嬰兒

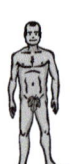

mann

男人

kvinne

女人

jente

女孩

gutt

男孩

hode

頭

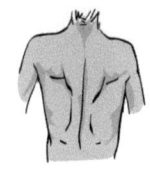

rygg
背部

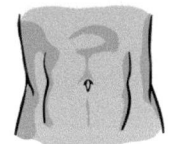

mage
肚子

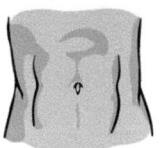

navle
肚臍

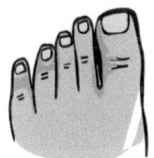

tå
腳趾

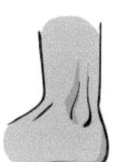

hæl
腳後跟

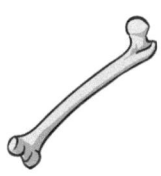

bein
骨頭

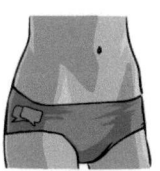

hofte
臀部

kne
膝蓋

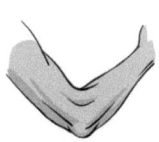

albue
手肘

nese
鼻子

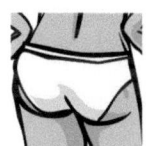

rumpe
屁股

hud
皮膚

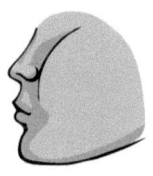

kinn
臉頰

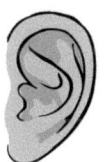

øre
耳朵

leppe
嘴唇

munn

嘴

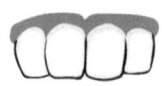

tann

牙齒

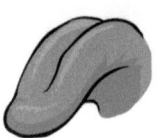

tunge

舌頭

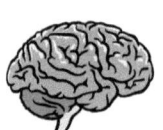

hjerne

腦

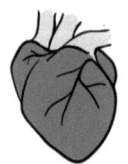

hjerte

心臟

muskel

肌肉

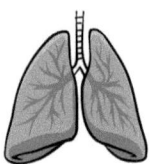

lunge

肺

lever

肝臟

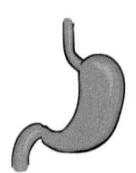

magesekk

胃

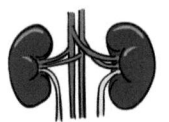

nyrer

腎臟

samleie

性交

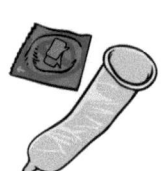

kondom

保險套

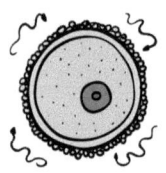

eggcelle

卵子

sæd

精子

graviditet

懷孕

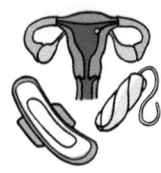

menstruasjon

月事

vagina

陰道

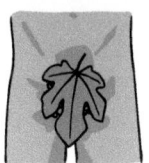

penis

陰莖

øyenbryn

眉毛

hår

頭髮

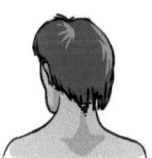

hals

脖子

sykehus
醫院

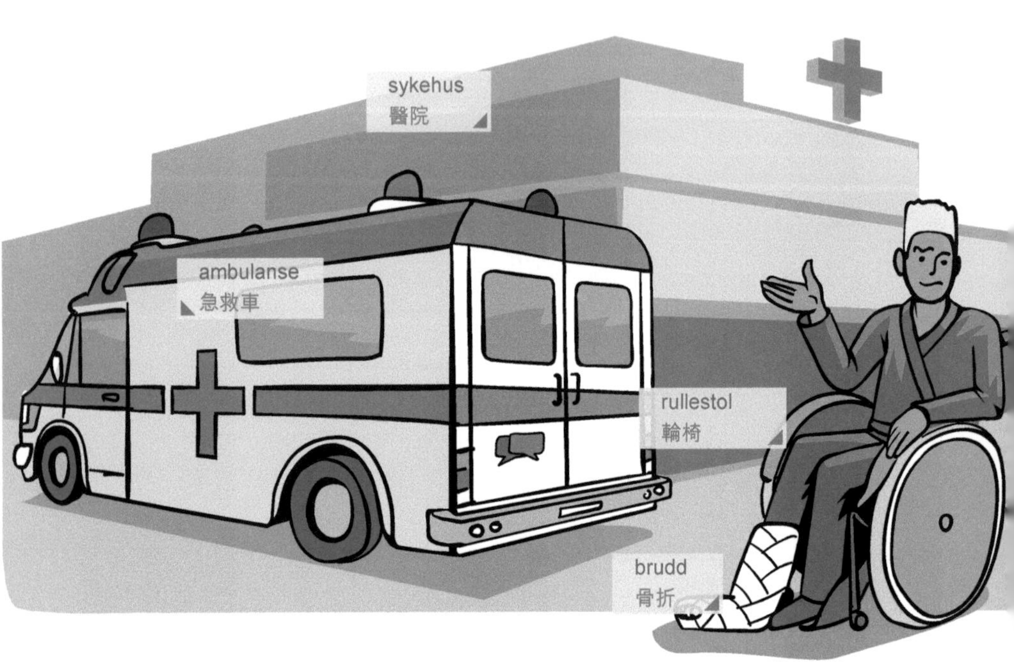

sykehus
醫院
ambulanse
急救車
rullestol
輪椅
brudd
骨折

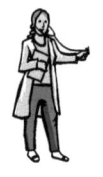

lege

醫師

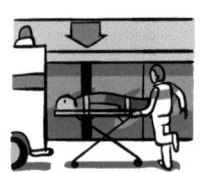

akuttmottak

急診室

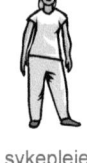

sykepleier

護理師

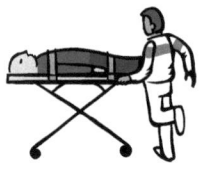

nødsituasjon

緊急情形

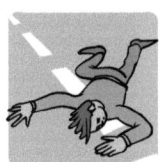

bevisstløs

昏迷

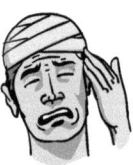

smerte

痛

skade

受傷

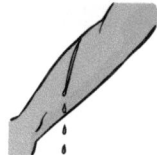

blødning

出血

hjerteinfarkt

心臟病發作

hjerneslag

中風

allergi

過敏

hoste

咳嗽

feber

發燒

influensa

流感

diaré

腹瀉

hodepine

頭痛

kreft

癌症

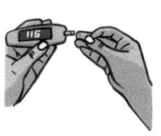

diabetes

糖尿病

kirurg

外科醫師

skalpell

手術刀

operasjon

手術

CT

電腦斷層掃描

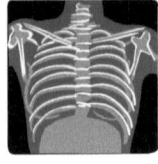

røntgen

X光

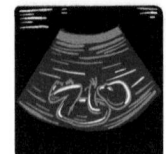

ultralyd

超音波

ansiktsmaske

口罩

sykdom

疾病

venterom

候診室

krykke

拐杖

plaster

OK繃

bandasje

繃帶

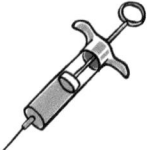

injeksjon

注射

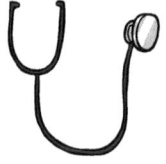

stetoskop

聽診器

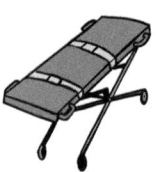

båre

擔架

klinisk termometer

體溫計

fødsel

出生

overvekt

超重

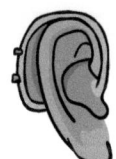

høreapparat

助聽器

desinfeksjonsmiddel

消毒液

infeksjon

感染

virus

病毒

HIV/AIDS

愛滋病

medisin

藥物

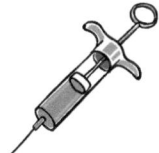

vaksinasjon

接種疫苗

pille

藥丸

tabletter

藥片

nødanrop

急救電話

blodtrykksmåler

血壓計

syk / frisk

生病/健康

Hjelp!

救命！

alarm

警報

overfall

突擊

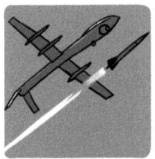

angrep

攻擊

fare

危險

nødutgang

緊急出口

Brann!

失火了！

brannslukker

滅火器

ulykke

意外

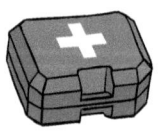

førstehjelpsskrin

急救箱

SOS

呼救訊號

politi

員警

Europa

歐洲

Nord-Amerika

北美洲

Sør-Amerika

南美洲

Afrika

非洲

Asia

亞洲

Australia

澳洲

Atlanterhavet

大西洋

Stillehavet

太平洋

Det indiske hav

印度洋

Sørishavet

南冰洋

Nordishavet

北冰洋

Nordpolen

北極

Sydpolen

南極

Antarktis

南極洲

jorden

地球

land

陸地

sjø

海

øy

島

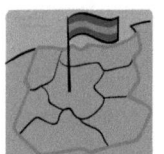

nasjon

國家

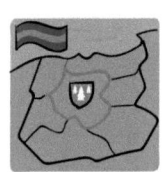

stat

州

urskive

錶盤

timeviser

時針

minuttviser

分針

sekundviser

秒針

Hva er klokken?

現在幾點？

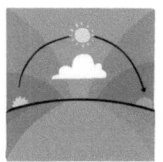

dag

天

tid

時間

nå

現在

digitalklokke

電子錶

minutt

分

time

時

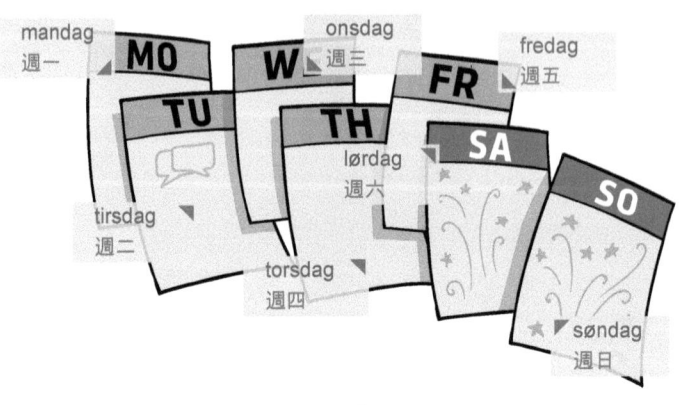

mandag 週一

onsdag 週三

fredag 週五

tirsdag 週二

torsdag 週四

lørdag 週六

søndag 週日

i går
昨天

i dag
今天

i morgen
明天

morgen
早晨

middag
中午

kveld
晚上

MO	TU	WE	TH	FR	SA	SU
1	2	3	4	5	6	7
8	9	10	11	12	13	14
15	16	17	18	19	20	21
22	23	24	25	26	27	28
29	30	31	1	2	3	4

arbeidsdag
工作日

MO	TU	WE	TH	FR	SA	SU
1	2	3	4	5	6	7
8	9	10	11	12	13	14
15	16	17	18	19	20	21
22	23	24	25	26	27	28
29	30	31	1	2	3	4

helg
週末

regn
雨

regnbue
彩虹

snø
雪

vind
風

vår
春

høst
秋

sommer
夏

vinter
冬

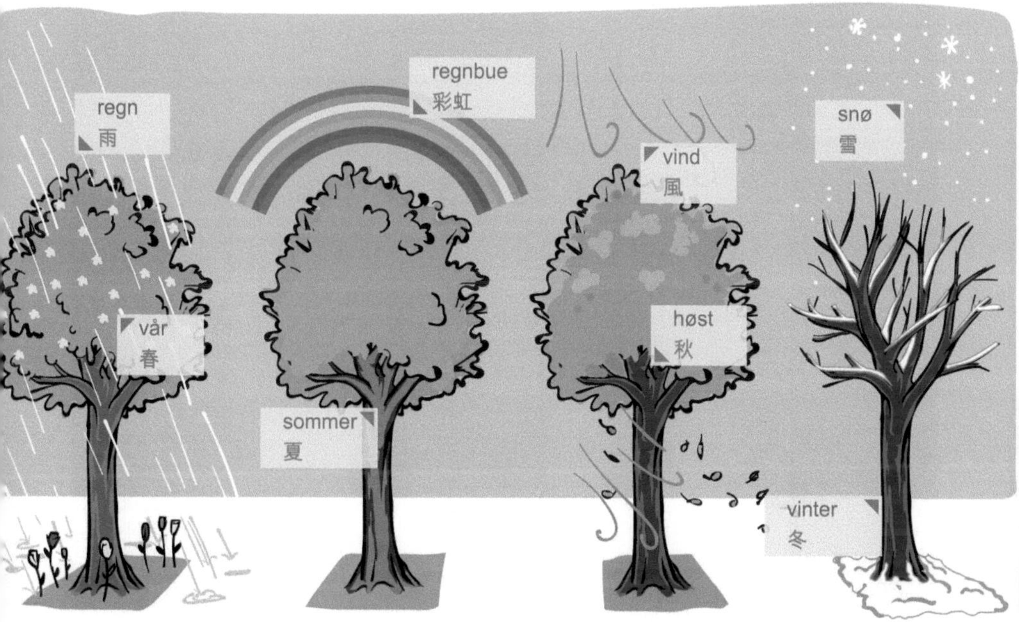

værmelding
天氣預告

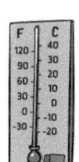

termometer
溫度計

solskinn
陽光

sky
雲

tåke
霧

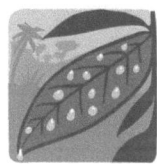

luftfuktighet
潮濕

lyn

閃電

torden

打雷

storm

風暴

hagl

冰雹

monsun

季風

oversvømmelse

洪水

is

冰

januar

一月

februar

二月

mars

三月

april

四月

mai

五月

juni

六月

juli

七月

august

八月

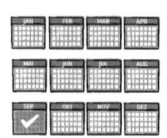

september

九月

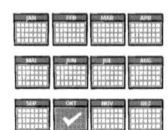

oktober

十月

november

十一月

desember

十二月

former

形狀

sirkel

圓形

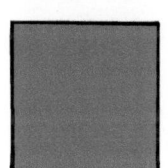

kvadrat

正方形

rektangel

長方形

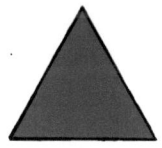

triangel

三角形

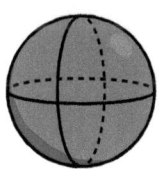

kule

球體

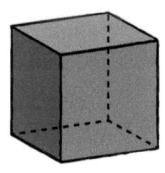

kube

立方體

hvit

白

gul

黃

oransj

橙

rosa

粉

rød

紅

lilla

紫

blå

藍

grønn

綠

brun

棕

grå

灰

svart

黑

mye / lite

很多/少許

sint / rolig

生氣/平靜

pen / stygg

美/醜

start / slutt

首/尾

stor / liten

大/小

lys / mørk

明/暗

bror / søster

兄弟/姐妹

ren / skitten

乾淨/骯髒

fullstendig / ufullstendig

完整/缺失

dag / natt

白天/晚上

død / levende

死/生

bred / smal

寬/窄

spiselig / uspiselig

可食用/非食用

ond / snill

邪惡/善良

begeistret / lei

興奮/無聊

tykk / tynn

胖/瘦

først / sist

第一/最後

venn / fiende

朋友/敵人

full / tom

滿/空

hard / myk

硬/軟

tung / lett

重/輕

sulten / tørst

餓/渴

syk / frisk

生病/健康

ulovlig / lovlig

非法/合法

intelligent / dum

聰明/愚笨

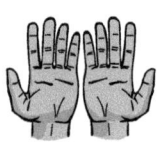

venstre / høyre

左/右

nære / langt unna

近/遠

ny / brukt

新/舊

ingenting / noe

沒有/有些

gammel / ung

老/幼

på / av

開/關

åpen / stengt

打開/闔上

lavt / høyt

安靜/吵鬧

rik / fattig

富/窮

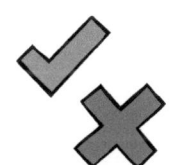

riktig / feil

對/錯

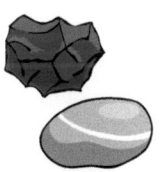

ru / glatt

粗糙/光滑

trist / glad

傷心/高興

kort / lang

短/長

langsom / rask

慢/快

vått / tørt

濕/乾

varm / lunken

溫暖/涼爽

krig / fred

戰爭/和平

0

null
零

1

en
一

2

to
二

3

tre
三

4

fire
四

5

fem
五

6

seks
六

7

sju
七

8

åtte
八

9

ni
九

10

ti
十

11

elleve
十一

12
tolv

十二

13
tretten

十三

14
fjorten

十四

15
femten

十五

16
seksten

十六

17
sytten

十七

18
atten

十八

19
nitten

十九

20
tjue

二十

100
hundre

百

1.000
tusen

千

1.000.000
million

百萬

engelsk

英語

amerikansk engelsk

美式英語

mandarin

普通話

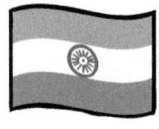

hindi

印地語

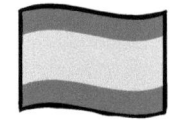

spansk

西班牙語

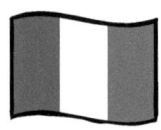

fransk

法語

arabisk

阿拉伯語

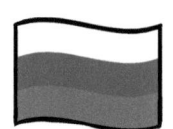

russisk

俄語

portugisisk

葡萄牙語

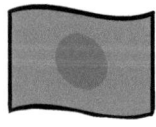

bengali

孟加拉語

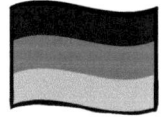

tysk

德語

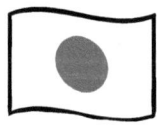

japansk

日語

jeg

我

du

你

han / hun / det

他/她/它

vi

我們

dere

你們

de

他們

hvem?

誰？

hva?

什麼？

hvordan?

如何？

hvor?

何處？

når?

何時？

navn

名字

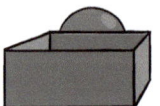

bakom

後面

i

裡面

foran

前面

over

上方

på

上面

under

下麵

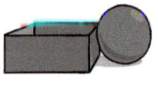

ved siden av

旁邊

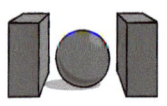

mellom

中間

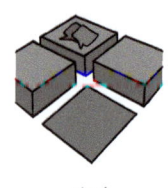

sted

地點